KARIN IDEN

EXPRESS-PRALINEN

südwest

Inhalt

Ein Stück vom Glück

Immer eine Sünde wert

Mundgerecht und mit einem Schokoladenanteil von mindestens 25 % – so muss sie laut Definition sein, die echte Praline. Und wie Schokolade macht auch sie ausgesprochen glücklich, das ist sogar wissenschaftlich erwiesen. Das Glücksgefühl, das uns beim Naschen süßer Köstlichkeiten überkommt, haben wir dem Botenstoff Serotonin zu verdanken. Je mehr davon ins Gehirn gelangt, umso besser wirkt sich das auf unsere gute Laune aus.
Wahre Pralinenfans genießen die süßen Verführer einzeln und in Maßen, denn purer Genuss und nicht etwa Menge ist angesagt. Und wem Qualität vor Quantität geht, der muss sich auch keine allzu großen Sorgen um die schlanke Linie machen.

Schokolade – reine Geschmackssache

Wer Pralinen herstellen möchte, kann zu Schokoladenkuvertüre – mit einigen Ausnahmen, z. B. bei Schicht-für-Schicht-Pralinen mit Tafelschokolade – greifen. Schokoladenkuvertüre (mindestens 31 % Kakaobutter) ist geschmolzen dünnflüssiger als Tafelschokolade (mindestens 18 % Kakaobutter).
Schokoladenkuvertüre gibt es als »halbbitter« und »zartbitter« mit 50 % Kakaoanteil und »edelbitter« mit 70 % bis 75 % Kakaoanteil. Vereinfachend wird in diesem Buch der Begriff Bitterkuvertüre verwendet. Vollmilchkuvertüre ist heller und hat nur 38 % Kakaoanteil, dazu Milchpulver. Weiße Kuvertüre enthält gar keinen Kakao, sondern lediglich farblose Kakaobutter, die mit Milch und Zucker verarbeitet wird. Kuvertüre wird als Blockware, Schokoladenchips bzw. Kuvertürepastillen in allen drei Geschmacksrichtungen angeboten. Und seit Kurzem auch hochwertige Kuvertüre als Blockware in verschiedenen Farben.

Der Kuvertüreüberzug

Vor dem Garnieren bekommen Pralinenkörper – je nach Sorte – einen Kuvertüreüberzug. Dazu wird Schokoladenkuvertüre temperiert, d. h. dreimal portionsweise bzw. in drei Schüben in einem warmen Wasserbad geschmolzen und anschließend wieder abgekühlt. Letztendlich erhält die Kuvertüre die richtige Konsistenz und entsprechenden Glanz. Wie das geht, lesen Sie im Folgenden.

Richtig temperieren

- Kuvertüre auf einem Brett – ohne Fremdgerüche – mit einem großen, scharfen Messer fein zerkleinern. Zwei Drittel der zerkleinerten Kuvertüre in eine Metallschüssel geben.

- Einen Topf mit heißem Wasser (ca. 40 bis 45 °C) ca. zwei Zentimeter hoch füllen. Die Schüssel so hineinstellen, dass ihr Boden das Wasser nicht berührt.
- Kuvertüre unter sanftem Rühren mit einem Teigschaber o. Ä. auflösen. Sobald die Kuvertüre geschmolzen und eine Temperatur von 26 bis 30 °C erreicht hat, die Schüssel aus dem warmen Wasserbad nehmen.
- Restliche Kuvertüre zugeben, unter Rühren schmelzen lassen. Die Schüssel in ein kaltes Wasserbad (maximal 25 °C) stellen – hier darf der Boden das Wasser berühren – und ständig rühren, bis die Kuvertüre auf 26 bis 30 °C (je nach Kuvertüresorte) abgekühlt und fast fest ist.
- Kuvertüre erneut im warmen Wasserbad (ca. 35 °C) erwärmen, bis sie wieder flüssig ist und schließlich glänzt. Jetzt kann die Kuvertüre mit einer Temperatur von 28 bis 32 °C (je nach Kuvertüresorte) als Überzug verwendet werden.

Gelingtipp: Die richtigen Temperaturen

Bitterkuvertüre: 40–45 °C (Schmelzen), 28–30 °C (Abkühlen), 31–32 °C (erneutes Erwärmen und Verarbeiten)
Vollmilchkuvertüre: 40–45 °C (Schmelzen), 27–28 °C (Abkühlen), 29–30 °C (erneutes Erwärmen und Verarbeiten)
Weiße Kuvertüre: 40–45 °C (Schmelzen), 26–27 °C (Abkühlen), 28–29 °C (erneutes Erwärmen und Verarbeiten)
Einmal richtig temperierte Kuvertüre kann immer wieder neu erwärmt werden, solange sie nicht völlig erstarrt, sondern nur zäh geworden ist.

Pralinen gefüllt & umhüllt

Es gibt drei Möglichkeiten zum Herstellen von Express-Pralinen – probieren Sie einfach aus, was Ihnen am besten gefällt. Die Pralinen aus den Gießformen haben zwar Pralinenform, sind jedoch in der Konsistenz nicht so schmelzend wie andere Pralinen.

Gießformen – Schicht für Schicht

Die Formen mit neun runden und neun eckigen Mulden aus 100 % lebensmittelechtem Silikon sind temperaturfest von –30 °C bis +230 °C, d. h. auch backofen- und gefriergeeignet sowie spülmaschinenfest.
Vor dem ersten Verwenden die Silikonform heiß ausspülen, ausklopfen und trocknen lassen. Schokoladenmasse im Wasserbad bei schwacher Hitze in drei Schüben schmelzen lassen, dann die Gießformen z. B. zur Hälfte mit der Masse füllen, leicht aufklopfen. Obenauf geschmacksgebende Zutaten wie eine Nuss, Mandelsplitter oder getrocknete klein geschnittene Fruchtstücke geben. Mit restlicher Schokolade (oder Kuvertüre) abdecken.
Oder: Schokoladenmasse mit klein gehackten Zutaten verrühren, dann einfüllen. Die Gießform leicht aufklopfen, zwei Stunden bei Raumtemperatur oder über Nacht kalt stellen. Danach die Pralinen aus der Form lösen, Deko (Nüsse usw.) mit einem Schokoladenklecks daraufkleben.

Pralinen handgeformt – mit oder ohne Kuvertüreüberzug

Schnell geht's, wenn die Pralinenmasse zu Kugeln geformt und danach im Streumaterial, wie Kakao, gehackten Mandeln, buntem Zucker usw., gewälzt wird. Etwas länger dauert es, wenn die Pralinen nach dem Rollen in geschmolzene und wieder abgekühlte Kuvertüre getaucht und dann erst im Streumaterial gewälzt werden.

Pralinen mit Innenleben

- Ganz einfach lassen sich Pralinen mit industriell hergestellten Halbfertigprodukten wie Hohlkugeln und Halbschalen in verschiedenen Formen (Herz-, Oval-, Walnuss-, Viereck- oder Sternform usw.) aus Vollmilch-, Halbbitter- und weißer Schokolade zubereiten. Das Angebot: Halbfertigprodukte lagenweise in einer sogenannten Blisterfolie, zu 56 oder 63 Stück.
- Das Füllen ist leicht: Hergestellte Füllung in einen Spritzbeutel geben und bis knapp unter den Rand in die Öffnungen der Hohlkugeln oder Halbschalen geben.
- Zum Schließen die Kuvertüre temperieren (siehe Seite 4f.), in eine kleine Spritztüte füllen, die Öffnung verschließen. Pralinen kurz ruhen lassen, garnieren oder nach Belieben in temperierte Kuvertüre tauchen, schließlich auf einem Pralinengitter trocknen lassen und garnieren.

Richtiges Equipment von A bis Z

- Aluminiumfolie und Pergamentpapier sowie Frischhaltefolie und Küchenpapier
- Backpinsel: einen zum Auftragen von Schokoladenmassen, einen zweiten für Fett oder Glasuren

- Elektrisches Handrührgerät mit Schneebesen, Knethaken und Schneidstab
- Kochtopf (ca. 20 Zentimeter Durchmesser) für das Wasserbad
- 2 passende Metallschüsseln (ca. 21 bis 22 Zentimeter Durchmesser), ebenfalls für das Wasserbad; ideal: ein Temperiergerät
- Thermometer (z. B. Bratenthermometer) zum Prüfen der Temperatur der aufgelösten Schokolade; ideal: ein digitales Thermometer
- Pralinenabtropfgitter oder ein Kuchengitter zum Ablegen der Pralinen
- Pralinengabeln mit jeweils extra langen, dünnen Zinken, einem Ring oder einer Spirale zum vorsichtigen Eintauchen in die Schokoladenmasse
- Rührlöffel aus Plastik und Teigschaber – damit bekommt man den kleinsten Rest aus jeder Schüssel
- Schneidebrett aus Kunststoff oder Marmor
- Spritzbeutel mit verschiedenen Tüllen (Loch-, Stern-, breite und feine Tülle) zum Füllen der Pralinen
- Spritztüten zum Verzieren der Pralinen
- Teigrolle zum Ausrollen von Marzipan- bzw. Pralinenmasse
- Zum Verpacken: Pralinenkapseln aus Metall, farbig sortiert, oder aus Pergamin (in Weiß oder farbig sortiert)

Gut aufbewahrt

Selbst gemachte Pralinen enthalten beste Rohprodukte wie Sahne, Butter und auch Schokoladenkuvertüre. Sie sind empfindlich und nehmen Fremdgerüche an. Warten Sie mit dem Genießen der kleinen Gaumenfreuden nicht zu lange.

Sie sollten sie höchstens eine Woche aufbewahren. Dazu jede Sorte separat in eine gut verschließbare Plastik- oder Metalldose packen und die einzelnen Lagen durch Pergamentpapier trennen. Die Dose sollte kühl (bei ca. 17 °C), trocken und dunkel aufbewahrt werden. Pralinen sollten nicht eingefroren werden. Ungefüllte Halbfertigprodukte (Hohlkugeln und Halbschalen) lassen sich auch bei 17 °C kühl und trocken – nicht im Kühlschrank – bis zu zwei Monate aufbewahren.

Die Übung macht's

Das Pralinenzubereiten ist etwas für die Sinne und richtet sich ganz nach Fingerspitzengefühl, Kreativität und Geschick. Je mehr man ausprobiert, desto leichter und schneller geht es von der Hand. Die angegebenen Zubereitungszeiten beziehen sich auf die ungefähr benötigte Zeit für die Herstellung des jeweiligen Rezepts – und zwar vom Zeitpunkt an, da alle Zutaten vorbereitet sind.

Die besten Tipps fürs Pralinenmachen

Wasserbad darf nicht spritzen

Beim Temperieren bzw. beim Schmelzen von Kuvertüre darf keinesfalls Wasser in die Kuvertüre spritzen, sonst wird sie nicht mehr richtig fest und zu dickflüssig.

Keine Feuchtigkeit in der Küche

Wenn Pralinen in der Küche zubereitet werden, sollte weder gleichzeitig gekocht noch im Backofen gebraten werden. Auch das Fenster sollte geschlossen sein.

Für besseren Glanz

Weiße Schokolade bzw. Kuvertüre wird zum Füllen, Tauchen oder Garnieren geschmeidiger, wenn Sie pro 100 Gramm ein bis zwei Esslöffel Kokosfett verwenden.

Temperaturprüfung ohne Thermometer

Die Temperatur von 28 bis 32 °C geschmolzener Kuvertüre lässt sich ohne Thermometer prüfen: dazu einen Tropfen geschmolzene Kuvertüre auf das Handgelenk geben – er sollte handwarm sein.
Die richtige Konsistenz von geschmolzener Kuvertüre lässt sich prüfen, wenn ein sauberer, trockener Korken in die geschmolzene Kuvertüre getaucht wird.
Beide Proben zeigen, dass richtig temperierte Kuvertüre fest wird und glänzt, wie auf Seite 5 beschrieben.

Gut getaucht

Die Pralinenkörper werden in temperierte, wieder abgekühlte Schokoladenkuvertüre getaucht und auf ein Pralinenabtropfgitter gesetzt. Zum Verzieren soll der Überzug nur »anziehen«, d. h. halbfest werden; so bleibt die Garnierung gut haften.

Der Trüffeltrick

Bei Trüffeln, die in Streusel, Sesam, Krokant, Kakao oder Puderzucker gewälzt werden, entfällt das Temperieren von Kuvertüre. Kuvertüre zum Tauchen von Pralinenkörpern sollte abgekühlt, aber noch flüssig sein, sonst schmilzt die Trüffelmasse. Sie oder gefüllte Hohlkugeln bzw. Halbschalen sollten von der Kuvertüre völlig umgeben sein, sonst fließt der zu umhüllende Kern aus.

Perfekt gewälzt

So geht's: Pralinenkörper, die zuvor in Kuvertüre getaucht wurden, gut abtropfen lassen. Nach und nach je zwei bis drei Pralinenkörper in einer kleineren Schüssel mit jeweiligem Garniermaterial wie Schokostreusel, Kakao, Puderzucker, Sesam usw. in kreisenden Bewegungen wälzen.
Auch wenn die Pralinenmasse noch recht weich ist, ergibt sich durch die Drehung ihre Rundung. Anschließend mit einer Pralinengabel herausheben, auf Backpapier völlig erstarren lassen. Überschüssiges Material fällt dabei von selbst ab.

Kuvertürereste aufbewahren

Bleibt Kuvertüre übrig, kann sie in einem verschlossenen Gefäß im Kühlschrank aufbewahrt und immer wieder verwendet werden.

Hübsch verziert

- Schokoladenspäne: 200 Gramm Schokoladenkuvertüre mit 1 Esslöffel Butter schmelzen und glatt rühren. Auf eine kalte Platte (aus Metall oder Marmor) gießen und sehr dünn verstreichen. Sobald die Masse fest zu werden beginnt, mit einem breiten Spachtel (oder einem breiten Messer) von sich weg zu Spänen schaben.
- Streugarnierung: Das sind Blüten, wie beispielsweise kandierte Veilchen, Mimosen, Rosenblätter, kandierte Nüsse und Mandeln, gehackt, gesplittert oder als Blättchen.
- Pralinen ganz edel: obenauf etwas Blattgold. Das gibt es in Bastelgeschäften und im Versand (siehe Bezugsquellen Seite 47).

PRALINEN

SCHICHT FÜR SCHICHT

Pralinen mit Kardamom-Cranberrys

1 | Die getrockneten Cranberrys sehr klein schneiden und mit Kardamom gleichmäßig mischen.

2 | Von der Bitterschokolade 200 Gramm fein zerkleinern und in einer Metallschüssel im warmen Wasserbad in 3 Schüben unter Rühren schmelzen. Cranberrystücke unterrühren.

3 | Mithilfe von 2 Teelöffeln die Cranberry-Schokoladen-Masse in die Mulden der Silikonformen füllen. Zwischendurch die Formen leicht auf die Tischplatte klopfen, damit sich die Oberflächen glätten.

4 | Die Formen 2 Stunden oder noch besser über Nacht kalt stellen.

5 | Zum Garnieren die Pralinen aus den Mulden drücken. Restliche Schokolade im warmen Wasserbad schmelzen. Mit einem Pinsel etwas Schokolade auftragen, je mit 1 Cranberryfrucht garnieren.

6 | Die Pralinen kalt stellen und kühl aufbewahren.

Variante *Statt Cranberrys passen auch getrocknete Aprikosen oder Kirschen sehr gut.*

Info *Zum Kühlen der Pralinen sind die Fensterbank in einem ungeheizten Raum oder der Keller geeignet.*

Für 18 Stück

50 g getrocknete Cranberrys
1 gestrichener TL Kardamompulver
250 g Edelbitterschokolade (60 % Kakaoanteil)

Zum Garnieren:
18 Cranberrys

Zubereitungszeit: ca. 25 Min. (ohne Kühlzeit)

Gestreifte Mandelpralinen

Für 18 Stück

150 g weiße Schokolade
1 TL Pflanzenöl
6 Tropfen Bittermandelaroma oder 1 TL Mandellikör
150 g Edelbitterschokolade (60 % Kakaoanteil)

Zum Garnieren:

etwa 36 glatte Mandelblättchen oder halbierte weiße Mandelkerne

Zubereitungszeit: **ca. 25 Min. (ohne Kühlzeit)**

1 | Von der weißen Schokolade 120 Gramm fein zerteilen und in einer Metallschüssel im warmen Wasserbad in 3 Schüben unter Rühren schmelzen. Öl und 3 Tropfen Bittermandelaroma kräftig einrühren.

2 | Die geschmolzene Schokolade in ein vorgewärmtes Milchkännchen geben und die Mulden in den Silikonformen zur Hälfte füllen.

3 | Die Formen leicht auf die Tischplatte klopfen, damit sich die Oberflächen glätten.

4 | 120 Gramm Bitterschokolade fein zerkleinern und in einer Metallschüssel im warmen Wasserbad in 3 Schüben unter Rühren schmelzen. Restliches Bittermandelaroma oder Likör einrühren.

5 | Geschmolzene Bitterschokolade in ein vorgewärmtes Milchkännchen füllen und die Mulden auffüllen. Die Formen 2 Stunden oder noch besser über Nacht kalt stellen.

6 | Zum Garnieren die Pralinen aus den Mulden drücken. Die restlichen Schokoladensorten getrennt schmelzen. Mithilfe einer Einwegspritztüte die Pralinen mit Punkten, Streifen und Mandelblättchen garnieren.

7 | Die Pralinen kalt stellen und kühl aufbewahren.

Tipp *Die Schokolade so in die Mulden eingießen, dass mal weiße und mal Bitterschokolade obenauf ist.*

Variante *Statt Edelbitterschokolade schmeckt auch Vollmilchschokolade sehr gut. Und statt klassischer weißer Schokolade eignet sich auch weiße Schokolade mit zart schmelzender Füllung. Sie ist beim Schmelzen sehr dünn, wird aber nach dem Kühlen fest.*

Honigmandelpralinen

Für 18 Stück

300 g Vollmilchschokolade
1/2 Röhrchen Vanillearoma
18 Honigmandeln (z. B. von Kluth)

Zum Garnieren:
ca. 6 Honigmandeln

Zubereitungszeit: **ca. 25 Min. (ohne Kühlzeit)**

1 | Von der Vollmilchschokolade 250 Gramm fein zerkleinern und in einer Metallschüssel im warmen Wasserbad in 3 Schüben unter Rühren schmelzen. Vanillearoma einrühren.

2 | Die Mulden der Silikonformen mit der Hälfte der Schokolade ausgießen.

3 | In jede Mulde eine Honigmandel geben. Die Vollmilchschokolade erneut erwärmen und die Mulden mit restlicher Schokolade auffüllen.

4 | Die Formen auf die Tischplatte klopfen, damit sich die Oberflächen glätten. Die Formen 2 Stunden oder über Nacht kalt stellen.

5 | Zum Garnieren die Pralinen aus den Mulden drücken. Die Honigmandeln grob hacken. Restliche Schokolade im warmen Wasserbad schmelzen. Mit einem Pinsel etwas Schokolade auftragen, mit den gehackten Mandeln garnieren.

6 | Die Pralinen kalt stellen und kühl aufbewahren.

Tipp *Werden Pralinen zu einem späteren Zeitpunkt benötigt, können sie in den Silikonformen bleiben. Die Garnierung lässt sich kurz zuvor anbringen.*

Marmorpralinen

1 | Die Vollmilchschokolade sehr fein zerkleinern und in einer Metallschüssel im warmen Wasserbad in 3 Schüben unter Rühren schmelzen. 4 Tropfen Rumaroma einrühren.

2 | Die Vollmilchschokolade in ein vorgewärmtes Milchkännchen geben und die Mulden der Silikonformen damit füllen. Die Formen auf die Tischplatte klopfen, damit sich die Oberflächen glätten.

3 | Die weiße Schokolade in einer Metallschüssel im warmen Wasserbad in 3 Schüben unter Rühren schmelzen. Pflanzenöl und restliches Rumaroma kräftig einrühren.

4 | Die geschmolzene Schokolade auf die Vollmilchschokolade in den Mulden verteilen. Die Formen auf die Tischplatte klopfen, damit sich die Schokolade verteilt.

5 | Mit einem Holzstäbchen in den einzelnen Mulden durch die Schokolade rühren. Die Formen 2 Stunden oder über Nacht kalt stellen.

6 | Die Pralinen danach aus der Form lösen und kühl aufbewahren.

Tipp *Diese Pralinen wollen schnell verarbeitet werden. Sonst erstarrt die untere Schicht bzw. die Vollmilchschokolade zu schnell, und nach dem Umrühren in den Mulden ergibt sich kein Marmormuster.*

Für 18 Stück

150 g Vollmilchschokolade
8 Tropfen Rumaroma
150 g weiße Schokolade
1 TL Pflanzenöl

Zubereitungszeit: ca. 20 Min. (ohne Kühlzeit)

SCHICHT FÜR SCHICHT

Ingwerpralinen

1 | Von den Ingwerstäbchen 20 Gramm zum Garnieren beiseite legen, 140 Gramm sehr fein hacken und mit Ingwerpulver mischen.

2 | Von der Bitterschokolade 150 Gramm fein zerkleinern und in einer Metallschüssel im warmen Wasserbad in 3 Schüben unter Rühren schmelzen. Öl kräftig unterrühren.

3 | Die Ingwerstücke in der warmen Schokolade gut verrühren und die Mischung mithilfe eines Teelöffels in die Mulden geben.

4 | Die Formen auf die Tischplatte klopfen, damit sich die Oberflächen glätten. Die Formen 2 Stunden oder über Nacht kalt stellen.

5 | Zum Garnieren die beiseite gelegten Ingwerstäbchen in Stücke schneiden.

6 | Die Pralinen aus den Mulden drücken. Restliche Schokolade im warmen Wasserbad schmelzen. Mit einem Pinsel etwas Schokolade auftragen, mit Ingwerstücken garnieren.

7 | Die Pralinen kalt stellen und kühl aufbewahren.

Für 18 Stück

160 g kandierte Ingwerstäbchen
½ TL Ingwerpulver
200 g Edelbitterschokolade (70 % Kakaoanteil)
2 TL Pflanzenöl

Zubereitungszeit: **ca. 25 Min. (ohne Kühlzeit)**

Nougatpralinen mit Pinienkernen

Für 18 Stück

50 g Pinienkerne
170 g Vollmilchkuvertüre
80 g Nussnougat
5 Tropfen Vanillearoma

Zum Garnieren:
50 g Vollmilchkuvertüre
25 g Pinienkerne

Zubereitungszeit: **ca. 25 Min. (ohne Kühlzeit)**

1 | Die Pinienkerne mit einem scharfen Messer sehr fein hacken.

2 | Vollmilchkuvertüre fein zerkleinern und in einer Metallschüssel im warmen Wasserbad in 3 Schüben unter Rühren schmelzen.

3 | Nussnougat würfeln und stückchenweise mit Vanillearoma unter die geschmolzene Kuvertüre rühren.

4 | Die gehackten Pinienkerne unter die Kuvertüre-Nussnougat-Masse rühren. Mithilfe eines Teelöffels portionsweise in die Mulden der Silikonformen geben. Zwischendurch die Formen auf die Tischplatte klopfen, damit sich die Oberflächen glätten.

5 | Die Formen 2 Stunden oder noch besser über Nacht kalt stellen.

6 | Zum Garnieren die Pralinen aus den Mulden drücken. Die Kuvertüre in einen Gefrierbeutel geben, verschließen und im warmen Wasserbad schmelzen lassen. Vom Gefrierbeutel eine winzige Ecke abschneiden. Jeweils 1 Klecks – egal, auf welche Seite der Praline – geben und mit Pinienkernen (ganz oder gehackt) garnieren.

7 | Die Pralinen kalt stellen und kühl aufbewahren.

Variante *Statt Pinienkernen lassen sich auch gehackte Walnüsse, Mandeln oder Haselnusskrokant – alles noch etwas feiner gehackt – verwenden.*

Vanille-Knusperpralinen

1 | Löffelbiskuits mit einem großen Messer in nicht zu kleine Stücke (ca. 2 Millimeter) schneiden und mit Bourbonvanillepulver mischen.

2 | Von der Vollmilchschokolade 200 Gramm fein zerkleinern und in einer Metallschüssel im warmen Wasserbad in 3 Schüben unter Rühren schmelzen. Die Hälfte der Schokolade in ein vorgewärmtes Kännchen geben und in die Mulden der Silikonformen füllen. Auf die Tischplatte klopfen, damit sich die Oberflächen glätten.

3 | Die restliche Schokolade erneut erwärmen. Nur die zerkleinerten großen Löffelbiskuitstücke mit einer Gabel vom Brett nehmen und in der geschmolzenen Schokolade mit der Gabel gründlich mischen.

4 | Mithilfe eines Teelöffels die Biskuitschokoladenmasse portionsweise in die Mulden der Silikonformen füllen. Zwischendurch auf die Tischplatte klopfen, damit alle Ecken in den Mulden mit Schokolade ausgefüllt sind.

5 | Die Formen 2 Stunden oder über Nacht kalt stellen.

6 | Zum Garnieren die Pralinen aus den Mulden drücken. Restliche Schokolade im warmen Wasserbad schmelzen. Mit einem Pinsel etwas Kuvertüre auftragen und mit goldenen Miniherzen garnieren.

7 | Die Pralinen kalt stellen und kühl aufbewahren.

Tipps

- *1 Esslöffel Vanillelikör gibt den Pralinen einen intensiveren Geschmack.*
- *Statt Löffelbiskuits lassen sich auch Amarettini oder Kuchenreste verwenden.*

Für 18 Stück

40 g Löffelbiskuits
2 TL Bourbonvanillepulver
250 g Vollmilchschokolade

Zum Garnieren:

18 goldene Miniherzen (Bezugsadresse siehe Seite 47)

Zubereitungszeit: ca. 25 Min. (ohne Kühlzeit)

Orangen-Lavendel-Pralinen

1 | Orangeat mit einem scharfen Messer sehr fein schneiden.

2 | Von der weißen Schokolade 200 Gramm fein zerkleinern und in einer Metallschüssel im warmen Wasserbad in 3 Schüben unter Rühren schmelzen.

3 | Das klein gehackte Orangeat unterrühren. Pflanzenöl, Orangenlikör und Lavendelöl nacheinander einrühren.

4 | Mithilfe eines Teelöffels die Orangenschokolade in die Mulden geben. Zwischendurch die Formen auf die Tischplatte klopfen, damit sich die Oberflächen glätten.

5 | Die Formen 2 Stunden oder noch besser über Nacht kalt stellen.

6 | Zum Garnieren die Pralinen aus den Mulden drücken. Restliche weiße Schokolade im Wasserbad schmelzen. Mit einem Pinsel etwas Kuvertüre auftragen, abwechselnd mit Geleefrüchten und Lavendelblüten garnieren.

7 | Die Pralinen kalt stellen und kühl aufbewahren.

Für 18 Stück

40 g Orangeat
250 g weiße Schokolade
2 TL Pflanzenöl
1 EL Orangenlikör
1–2 Tropfen Lavendelöl (aus der Apotheke)

Zum Garnieren:
9 Geleefrüchte (Zitronen und Orangen)
1 TL Lavendelblüten (aus der Apotheke)

Zubereitungszeit: ca. 25 Min. (ohne Kühlzeit)

Ananas-Frischkäse-Pralinen

Für 18 Stück

200 g Vollmilchkuvertüre

Für die Füllung:

150 g Frischkäse mit Ananas
2 TL abgeriebene Biozitronenschale
3 EL Sahne oder Kokosmilch
1 EL Kirschwasser

Zum Garnieren:

2 kleine getrocknete Ananasstücke, gezuckert

Zubereitungszeit: ca. 30 Min. (ohne Kühlzeit)

1 | Die Kuvertüre fein zerteilen und in einer Metallschüssel im warmen Wasserbad in 3 Schüben unter Rühren schmelzen.

2 | Die Kuvertüre in ein vorgewärmtes Milchkännchen geben, die Mulden damit füllen. Etwa 2 Minuten ruhen lassen.

3 | Jeweils 1 ausgegossene Silikonform schwungvoll auf ein Pralinengitter (mit einem Bogen Pergamentpapier darauf) stürzen, sodass die Kuvertüre herausläuft. 5 Minuten liegen lassen. Nacheinander die Formen zurückdrehen. Die verlaufene Kuvertüre an der Oberfläche der Formen entfernen.

4 | Die Pralinenformen auf ein Tablett setzen und 20 Minuten kalt stellen.

5 | Für die Füllung alle Zutaten verrühren, mithilfe von 2 Teelöffeln die Mulden fast bis unter den Rand mit der Mischung füllen.

6 | Die Kuvertüre vom Backpapier in die Metallschüssel geben, erneut im warmen Wasserbad schmelzen. Mithilfe eines Teelöffels die Kuvertüre auf die Frischkäsefüllung träufeln und damit die Pralinen verschließen.

7 | Die Formen 2 Stunden oder noch besser über Nacht kalt stellen.

8 | Zum Garnieren die Pralinen aus den Mulden drücken. Ananasstücke in sehr dünne Scheibchen schneiden. Kuvertüre im warmen Wasserbad erneut schmelzen.

9 | Mit einem Pinsel etwas Kuvertüre auftragen, mit Ananasstücken garnieren. Die Pralinen kalt stellen und kühl aufbewahren.

Tipps

- *Zum Vorwärmen das Milchkännchen kurz mit heißem Wasser füllen, ausgießen und dann sehr gut austrocknen.*
- *Diese Pralinen sollten wegen des Frischkäses innerhalb von 3 Tagen verzehrt werden.*

Marzipan-Pistazien-Pralinen

1 | Die Kuvertüre fein zerteilen und in einer Metallschüssel im warmen Wasserbad in 3 Schüben unter Rühren schmelzen. In ein vorgewärmtes Milchkännchen geben und in die Mulden verteilen. Etwa 2 Minuten ruhen lassen.

2 | Jeweils 1 ausgegossene Silikonform schwungvoll auf das Pralinengitter (mit einem Bogen Pergamentpapier darauf) stürzen, sodass die Kuvertüre herausläuft. 4 Minuten liegen lassen. Nacheinander die Formen zurückdrehen. Die verlaufene Kuvertüre an der Oberfläche entfernen. Die Pralinenformen auf ein Tablett setzen und 20 Minuten kalt stellen.

3 | Von den Pistazien 30 Gramm noch sehr viel feiner hacken und mit Marzipanrohmasse und Orangenlikör geschmeidig verrühren. Die Masse in einen Spritzbeutel (große runde Tülle) geben und die Mulden bis knapp unter den Rand füllen.

4 | Die Kuvertüre vom Backpapier lösen, erneut in die Metallschüssel geben und im warmen Wasserbad schmelzen. Mithilfe eines Teelöffels die Kuvertüre auf die Marzipan-Pistazien-Füllung träufeln und die Pralinen damit verschließen.

5 | Die Formen 2 Stunden oder über Nacht kalt stellen.

6 | Zum Garnieren die Pralinen aus den Mulden drücken. Kuvertüre im warmen Wasserbad erneut schmelzen. Mit einem Pinsel etwas Kuvertüre auftragen, mit den Pistazien, gehackt oder im Ganzen, garnieren.

7 | Die Pralinen kalt stellen und kühl aufbewahren.

Tipp *Diese Pralinen sollten wegen der Füllung innerhalb von 3 Tagen verzehrt werden.*

Für 18 Stück

200 g Vollmilchkuvertüre

Für die Füllung:

50 g gehackte Pistazien
100 g Marzipanrohmasse
4 EL (30 ml) Orangenlikör (z.B. Cointreau)

Zubereitungszeit: **ca. 30 Min. (ohne Kühlzeit)**

Für 25 Stück

150 g Vollmilchkuvertüre
50 g weiche Butter
2 Päckchen Vanillezucker
4 EL Orangenlikör (z.B. Cointreau)
1 TL abgeriebene Bioorangenschale
100 g Haselnusskrokant

Zubereitungszeit: ca. 20 Min. (ohne Kühlzeit)

Schoko-Krokant-Kugeln

1 | Vollmilchkuvertüre auf einer Haushaltsreibe fein reiben.

2 | Butter in einem Rührbecher mit dem Handrührgerät (Quirlen) geschmeidig rühren. Vanillezucker, Orangenlikör, Orangenschale und geriebene Kuvertüre zugeben und unterrühren.

3 | Die Pralinenmasse etwa 30 Minuten kalt stellen.

4 | Krokant in eine kleinere Schüssel geben. Mithilfe von 2 Teelöffeln haselnussgroße Portionen abstechen, in der Hand zu Kugeln formen und in Krokant kreisend wälzen.

5 | Die Kugeln auf Backpapier setzen, kalt stellen und kühl aufbewahren.

Minzküsschen

Für 44 Stück

100 g weiße Kuvertüre
50 g Sahne
20 g Butter
3–4 Tropfen Minzöl (aus der Apotheke)
22 Minz-Schoko-Täfelchen (z.B. After Eight)

Zum Garnieren:
rote und grüne Belegkirschen

Zubereitungszeit: **ca. 15 Min. (ohne Kühlzeit)**

1 | Weiße Kuvertüre mit einem scharfen Messer fein zerkleinern. Sahne in einer Schüssel im warmen Wasserbad erhitzen. Butter und Kuvertüre darin schmelzen lassen. Minzöl einrühren und 20 Minuten kalt stellen.

2 | Pralinenmasse mit dem Handrührgerät (Quirlen) geschmeidig aufschlagen.

3 | Minz-Schoko-Täfelchen diagonal halbieren. Pralinenmasse in einen Spritzbeutel (Sterntülle) geben.

4 | Tupfen auf die Täfelchen spritzen. Jeweils mit einem kleinen Stück Belegkirsche garnieren. 30 Minuten kalt stellen und – jedoch nur für kurze Zeit – kühl aufbewahren.

Tipp *Diese Küsschen sollten bis zum Verzehr oder Verschenken höchstens 30 Minuten im Kühlschrank bleiben. Bei längerer Zeit tritt an den Schnittflächen der Täfelchen die Minzfüllung aus.*

Rumtrüffel

1 | Butter in einer Schüssel verrühren, die Kuchenstücke hineinbröckeln, mit Rum beträufeln. Alles mit dem Handrührgerät (Quirlen) zu einer glatten Masse verrühren.

2 | Den Teig in etwa 20 Portionen teilen, zwischen den Handflächen zu Kugeln formen und in Schokoladenstreuseln wälzen. Die Trüffel kalt stellen und kühl aufbewahren.

Tipps

- *Sollten Sie Reste von hellem Kuchen haben, verrühren Sie 1 bis 2 Teelöffel gesiebtes Kakaopulver mit der weichen Butter.*
- *Wer mag, kann 40 Gramm Rosinen fein hacken und unter die Kuchenmasse rühren.*
- *Für Kinder: Statt Rum kann Apfelsaft genommen werden. Und statt nur Schokoladenstreuseln passt folgende Streugarnierung: Nonpareilles und Zuckerherzen. Pralinen am Stiel: Die Pralinen mit Lollistielen aufspießen.*

Für 20 Stück

1 EL weiche Butter

300 g Reste von Schokoladen- oder Marmorkuchen

3 EL brauner Rum (54 % vol.)

Zum Wälzen:

100 g Schokoladenstreusel (Vollmilch- oder Bitterschokolade)

Zubereitungszeit: ca. 15 Min. (ohne Kühlzeit)

Pralinen mit gesalzenen Nüssen

Für 20 Stück

150 g Bitterkuvertüre
50 g Erdnüsse, geröstet und gesalzen
75 g Sahne
60 g feine Erdnussbutter (creamy)
10 g Butter
2 TL Vanillezucker
50 g naturbelassene Mandeln, gerieben

Zubereitungszeit: **ca. 25 Min. (ohne Kühlzeit)**

1 | Bitterkuvertüre mit einem großen scharfen Messer fein zerkleinern.

2 | Erdnüsse mit einem großen scharfen Messer gleichmäßig, aber nicht zu fein hacken.

3 | Sahne in einer Schüssel im warmen Wasserbad erhitzen. Kuvertüre in 3 Schüben unter Rühren darin schmelzen lassen. Die Schüssel aus dem Wasserbad nehmen und die Masse etwa 10 Minuten abkühlen lassen.

4 | Erdnussbutter, Butter und Vanillezucker in einer Rührschüssel cremig rühren. Abgekühlte Kuvertüre und geriebene Mandeln einrühren.

5 | Pralinenmasse abgekühlt etwa 60 Minuten in den Kühlschrank stellen.

6 | Gehackte Erdnusskerne in eine kleinere Schüssel geben. Mithilfe von 2 Teelöffeln haselnussgroße Portionen abstechen, zu Kugeln formen und in den gehackten Erdnusskernen kreisend wälzen.

7 | Pralinen auf Backpapier setzen, im Kühlschrank fest werden lassen und kühl aufbewahren.

Varianten

- *Statt naturbelassene geriebene Mandeln 50 Gramm geröstete und gesalzene Erdnüsse in einem elektrischen Zerhacker fein zerkleinern – das dauert dann 5 bis 8 Minuten länger.*
- *Einige Pralinen nur in wenig grobkörnigem Fleur de sel wenden.*

Schoko-Chili-Pralinen

1 | Bitterkuvertüre mit einem großen scharfen Messer fein zerkleinern.

2 | Sahne in einer Metallschüssel im warmen Wasserbad erhitzen, etwa 2 bis 3 Teelöffel Chilipulver – je nach Geschmack – und Rumaroma unterrühren. 2 Minuten ziehen lassen.

3 | Die Kuvertüre darin in 3 Schüben unter Rühren schmelzen lassen. Die Schüssel aus dem Wasserbad nehmen, Kuvertüre 10 Minuten abkühlen lassen.

4 | Butterschmalz und Vanillezucker in einer Schüssel cremig rühren. Chilikuvertüre unterrühren. Die Masse etwa 60 Minuten kalt stellen, aber nur am Rand 2 Fingerdick fest werden lassen.

5 | Kakaopulver und restliches Chilipulver gemischt in eine kleinere Schüssel geben. Roten Zucker in eine zweite Schüssel geben. Mithilfe von 2 Teelöffeln haselnussgroße Portionen abstechen, zwischen den Handflächen zu Kugeln formen: einen Teil in der Chili-Kakao-Mischung, den anderen Teil in rotem Zucker wälzen.

Tipp *Die Kugeln lassen sich nach dem Rollen auch mit Kuvertüre überziehen – das dauert etwa 10 Minuten länger. Dazu 400 Gramm Bitterkuvertüre schmelzen und temperieren. Die Kugeln mit der Pralinengabel in die Kuvertüre tauchen und abtropfen lassen. 3 bis 4 Minuten anziehen, d. h. antrocknen lassen. Dann einige Pralinen in Kakao-Chili-Mischung, die anderen in rotem Zucker wenden. Danach kühl aufbewahren.*

Für 20 Stück

150 g Bitterkuvertüre

75 g Sahne

ca. 6 TL Chilipulver Anchos, gemahlen (Bezugsadresse siehe Seite 47)

1 Röhrchen Rumaroma

50 g Butterschmalz

1 Päckchen Vanillezucker

Zum Wälzen:

ca. 4 EL gesiebtes Kakaopulver, schwach entölt

roter Zucker

Zubereitungszeit: ca. 25 Min. (ohne Kühlzeit)

Fruchtige Teetrüffel

1 | Kuvertüren mit einem großen scharfen Messer fein zerkleinern.

2 | Sahne in einer Schüssel im warmen Wasserbad erhitzen.

3 | Kuvertüren in 3 Schüben unter Rühren darin schmelzen. Die Schüssel aus dem Wasserbad nehmen, Kuvertüre 10 Minuten abkühlen lassen.

4 | Butterschmalz und Kokosfett mit dem Handrührgerät aufschlagen, Teesirup und Ingwerpulver dazugeben und cremig schlagen. Kuvertüre einrühren. Die Masse etwa 60 Minuten kalt stellen, aber nur am Rand 2 Fingerdick fest werden lassen.

5 | Pralinenmasse mit dem Handrührgerät (Quirlen) aufschlagen und glatt streichen.

6 | Braunen Zucker in eine Schüssel geben. Mithilfe von 2 Teelöffeln haselnussgroße Portionen von der relativ weichen Masse abstechen, sofort in Fruchtpuder Cassis oder braunem Zucker wälzen.

7 | Pralinen auf Backpapier setzen, im Kühlschrank 20 Minuten kalt stellen und kühl aufbewahren.

Tipp *Die Trüffelmasse ist relativ weich. Etwas runder werden die Trüffel, wenn man die Schüssel mit dem Zucker schwungvoll kreisen lässt.*

Info *Statt Teesirup rote Beeren können Sie auch Chai- und Grünteesirup verwenden.*

Für 20 Stück

100 g Vollmilchkuvertüre
50 g Bitterkuvertüre
50 g Sahne
20 g Butterschmalz
20 g Kokosfett
65 ml Teesirup rote Beeren
1 kräftige Prise Ingwerpulver

Zum Wälzen:

30 g Fruchtpuder Cassis oder brauner Zucker (Bezugsadresse siehe Seite 47)

Zubereitungszeit: ca. 25 Min. (ohne Kühlzeit)

Mokkawürfel

Für 25 Stück

150 g Bitterkuvertüre
50 g Sahne
2 g lösliches Espressopulver
1 Röhrchen Rumaroma
30 g weiches Butterschmalz
20 g weiches Kokosfett
2 g mittelfeines Bohnenkaffeepulver (Ausmahlgrad für die Kaffeemaschine)

Zum Garnieren:

Kakaopulver, schwach entölt
25 feine Mokkabohnen (Zartbitter-Mokka-Schokolade)

Zubereitungszeit: **ca. 20 Min. (ohne Kühlzeit)**

1 | Bitterkuvertüre mit einem großen scharfen Messer fein zerkleinern.

2 | Sahne in einer Metallschüssel im warmen Wasserbad erhitzen. Kuvertüre in 3 Schüben unter Rühren darin schmelzen lassen.

3 | Espressopulver, Rumaroma, weiches Butterschmalz und Kokosfett mit einem Schneebesen cremig rühren. Kuvertüremasse und Kaffeepulver unterrühren.

4 | Frischhaltedose (ca. 20 mal 13 Zentimeter) mit Frischhaltefolie auslegen. Pralinenmasse gut fingerhoch einfüllen, glatt streichen, mit Folie bedecken. Im Kühlschrank 60 Minuten kalt stellen.

5 | Folie entfernen, Kuvertüreplatte auf ein Brett stürzen, zweite Folie abziehen, Pralinenmasse in Würfel schneiden. Einige Würfel mit Kakaopulver bestäuben und mit Mokkabohnen garnieren. Auf restliche Würfel nur Mokkabohnen setzen.

Variante *Statt Espressopulver 1 Teelöffel lösliches Malzkaffeepulver, statt gemahlenem Bohnenkaffeepulver fein geriebene Mandeln und statt Mokkabohnen Silber- und Goldperlen verwenden.*

Eierlikör-Kokos-Pralinen

1 | Weiße Kuvertüre mit einem scharfen Messer fein zerkleinern und in einer Metallschüssel im warmen Wasserbad schmelzen und temperieren.

2 | Butterschmalz in eine Rührschüssel geben. Eierlikör, Rum und Bourbonvanillepulver unterschlagen. Kuvertüre in 3 Schüben einrühren.

3 | Die Hälfte der Kokosflocken unterrühren. Pralinenmasse 30 Minuten kalt stellen.

4 | Restliche Kokosflocken in eine kleinere Schüssel geben. Mithilfe von 2 Teelöffeln haselnussgroße Portionen abstechen, Kugeln formen und in den restlichen Kokosflocken wälzen.

5 | Pralinen auf Backpapier setzen, im Kühlschrank fest werden lassen und kühl aufbewahren.

Variante *Statt Kokosflocken lassen sich die Kugeln auch in etwa 50 Gramm geraspelter weißer Kuvertüre wälzen.*

Für ca. 25 Stück

150 g weiße Kuvertüre
50 g weiches Butterschmalz
70 ml Eierlikör (14 % vol.)
10 ml weißer Rum (37,5 % vol.)
1 TL Bourbonvanillepulver
100 g Kokosflocken

Zubereitungszeit: **ca. 20 Min. (ohne Kühlzeit)**

PRALINEN
MIT INNENLEBEN

Mascarpone-Cassis-Pralinen

1 | Mascarpone, Crème de Cassis oder Cassissirup und Zitronenschale cremig verrühren, in ein kleines Kännchen geben und die Halbschalen (in der Palette) bis knapp unter den Rand füllen. 60 Minuten kalt stellen.

2 | Weiße Kuvertüre zerkleinern, im warmen Wasserbad schmelzen, temperieren und in eine Spritztüte füllen. Die Halbschalen damit verschließen und 15 Minuten kalt stellen.

3 | Zum Garnieren die Vollmilchkuvertüre zerkleinern, im warmen Wasserbad schmelzen, temperieren und in eine Spritztüte füllen. Pralinen mit mehreren dünnen Streifen kreuzweise garnieren. Rosenblätter und Veilchen in kleine Stücke brechen und auf die Kuvertüre kleben. Pralinen kalt stellen und kühl aufbewahren.

Tipp *Alkoholfrei werden die Pralinen mit Johannisbeersirup.*

Für 56 Stück

250 g Mascarpone

80 ml Crème de Cassis (schwarzer Johannisbeerlikör) oder Cassissirup

3 EL abgeriebene Biozitronenschale

1 Palette (56 Stück) runde Pralinenhalbschalen (weiße Kuvertüre; Bezugsadresse siehe Seite 47)

150 g weiße Kuvertüre zum Verschließen

Zum Garnieren:

100 g Vollmilchkuvertüre

einige kandierte Rosenblätter und Veilchen (Bezugsadresse siehe Seite 47)

Zubereitungszeit: **ca. 35 Min. (ohne Kühlzeit)**

Pistazien-Orangen-Pralinen

Für 63 Stück

75 g gehackte Pistazien
200 g Marzipanrohmasse
100 g Puderzucker
150 ml Orangenlikör (z.B. Grand Marnier)
1 Palette (63 Stück) Pralinenhohlkugeln (Vollmilchkuvertüre; Bezugsadresse siehe Seite 47)
400 g Vollmilchkuvertüre zum Verschließen und Überziehen

Zubereitungszeit: **ca. 30 Min. (ohne Kühlzeit)**

1 | Von den Pistazien etwa 2 Esslöffel für die Garnierung beiseite legen. Restliche Pistazien noch feiner hacken. Mit Marzipanrohmasse, Puderzucker und Orangenlikör verrühren.

2 | Pistazien-Marzipan-Masse in einen Spritzbeutel (mittlere Lochtülle) geben und die Hohlkugeln (in der Palette) bis unter den Rand füllen. 60 Minuten kalt stellen.

3 | Vollmilchkuvertüre fein zerkleinern, im warmen Wasserbad schmelzen und temperieren. Von der Kuvertüre 4 Esslöffel in eine Spritztüte füllen, die Hohlkugeln damit verschließen und 20 Minuten kalt stellen.

4 | Restliche Kuvertüre umrühren, eventuell erneut schmelzen und temperieren. Die Kugeln einzeln in die Kuvertüre tauchen, abtropfen lassen, auf ein Abtropfgitter setzen und die Kuvertüre 2 bis 3 Minuten anziehen lassen. Sofort in beiseite gelegten Pistazien wälzen und kühl aufbewahren.

Cappuccinopralinen

Für 63 Stück

650 g Bitterkuvertüre
150 g Sahne
8 TL Cappuccinopulver
3 EL Kaffee- oder Schokoladensirup
2 EL Weinbrand
1 Palette (63 Stück) Pralinenhohlkugeln (Bitterkuvertüre; Bezugsadresse siehe Seite 47)

Zum Wälzen:
4 EL gesiebtes Kakaopulver, schwach entölt
2 EL Cappuccinopulver

Zubereitungszeit: ca. 40 Min. (ohne Kühlzeit)

1 | Von der Bitterkuvertüre 200 Gramm mit einem scharfen Messer zerkleinern.

2 | Sahne und Cappuccinopulver verrühren und in einer Metallschüssel im Wasserbad erhitzen. Kuvertüre in 3 Schüben darin schmelzen lassen. Topf von der Kochstelle nehmen. Kaffee- oder Schokoladensirup und Weinbrand unterrühren. Cappuccinomasse völlig abkühlen lassen.

3 | Cappuccinomasse in ein Kännchen geben, die Hohlkugeln (in der Palette) bis knapp unter den Rand damit füllen und 20 Minuten kalt stellen.

4 | Restliche Bitterkuvertüre zerkleinern, im warmen Wasserbad schmelzen und temperieren.

5 | Etwa 2 Esslöffel Bitterkuvertüre abnehmen, in eine Spritztüte geben, die Kugeln damit verschließen. Die Kuvertüre fest werden lassen.

6 | Aufgelöste Bitterkuvertüre gut umrühren, erneut schmelzen und temperieren. Kugeln darin eintauchen, abtropfen lassen und 3 bis 4 Minuten anziehen lassen.

7 | Zum Wälzen Kakao- und Cappuccinopulver mischen, in eine kleinere Schüssel geben. Einige Kugeln darin wälzen, die anderen nur auf dem Pralinengitter hin- und herrollen. Alle auf Backpapier setzen, kalt stellen und kühl aufbewahren.

Caipirinhapralinen

Für 63 Stück

200 g weiße Kuvertüre
100 g Sahne
50 g weiche Butter
2 TL Bourbonvanillezucker
3 EL abgeriebene Biozitronenschale
4 EL (25 ml) Cachaça (Zuckerrohrschnaps oder weißer Rum (37,5 % vol.)
1 Palette (63 Stück) weiße Pralinenhohlkugeln (Bezugsadresse siehe Seite 47)
400 g grüne Schokoladenkuvertüre (Bezugsadresse siehe Seite 47)

Zum Wälzen:
weißer, grüner oder bunter Zucker

Zubereitungszeit: ca. 40 Min. (ohne Kühlzeit)

1 | Die Kuvertüre mit einem scharfen Messer zerkleinern.

2 | Sahne in einer Metallschüssel im Wasserbad erhitzen. Kuvertüre in 3 Schüben unter Rühren darin schmelzen lassen. Topf von der Kochstelle nehmen. Butter, Bourbonvanillezucker, Zitronenschale und Cachaça einrühren.

3 | Kuvertüremasse in ein kleines Kännchen geben und die Hohlkugeln (in der Palette) bis knapp unter den Rand mit der Masse füllen. Etwa 60 Minuten kalt stellen.

4 | Grüne Kuvertüre zerkleinern, im warmen Wasserbad schmelzen. Etwa 2 Esslöffel Kuvertüre abnehmen, in eine Spritztüte geben, die Kugeln damit verschließen. Kuvertüre fest werden lassen.

5 | Die zerlassene Kuvertüre gut umrühren, erneut schmelzen und temperieren. Kugeln darin eintauchen, abtropfen lassen und 3 bis 4 Minuten anziehen lassen.

6 | Zum Wälzen den Zucker in eine kleinere Schüssel geben und die Kugeln darin wälzen, auf Backpapier setzen und kühl aufbewahren.

Tipp *Die grüne Kuvertüre (von Valrhona) gibt es nur exklusiv bei der angegebenen Quelle – und zwar von Oktober bis April.*

Schokoladen-Kirsch-Pralinen

1 | Sauerkirschkonfitüre mit dem Pürierstab zerkleinern. Mit Schokoladensirup in einem Topf unter Rühren bei starker Hitze aufkochen und völlig abkühlen lassen. Kirschwasser oder Amarenasirup einrühren.

2 | Kirschmasse in ein kleines Kännchen geben und die Halbschalen (in der Palette) bis knapp unter den Rand füllen. 30 Minuten kalt stellen.

3 | Belegkirschen in kleine Stücke schneiden und beiseite legen.

4 | Die Kuchenglasur im warmen Wasserbad schmelzen und damit die Halbschalen verschließen. Glasur anziehen lassen.

5 | Die Pralinen obenauf mit den Belegkirschenstücken garnieren, kalt stellen und kühl aufbewahren.

Für 56 Stück

350 g Sauerkirschkonfitüre extra

200 ml Schokoladensirup

100 ml Kirschwasser oder Amarenasirup

1 Palette (56 Stück) Pralinen-Herz-Halbschalen (Bitterkuvertüre; Bezugsadresse siehe Seite 47)

Außerdem:

25 g Belegkirschen zum Garnieren

150 g Kuchenglasur (Halbbitter) zum Verschließen

Zubereitungszeit: **ca. 30 Min. (ohne Kühlzeit)**

Balsamico-Feigen-Pralinen

Für 63 Stück

650 g Vollmilchkuvertüre
80 g Sahne
3 EL (ca. 50 g) Feigen-Senf-Sauce
fein abgeriebene Schale von 1/2 Bioorange
40 ml Balsamicocreme Feige
4 EL Aceto balsamico di Modena
1 Palette (63 Stück) Pralinenhohlkugeln (Bitterkuvertüre; Bezugsadresse siehe Seite 47)

Zum Garnieren:
grob abgeriebene Zesten von 1/2 Bioorange
4 EL gesiebtes Kakaopulver, schwach entölt

Zubereitungszeit: **ca. 40 Min. (ohne Kühlzeit)**

1 | Von der Vollmilchkuvertüre 200 Gramm mit einem scharfen Messer fein zerteilen.

2 | Sahne in einer Metallschüssel im warmen Wasserbad erhitzen. Den Topf mit der Schüssel vom Herd nehmen. Die Kuvertüre in 3 Schüben darin schmelzen und abkühlen lassen.

3 | Feigen-Senf-Sauce, Orangenschale, Balsamicocreme Feige und Aceto balsamico di Modena verrühren und unter die Kuvertüre mischen. Die Masse 20 Minuten kalt stellen.

4 | Kuvertüremasse in ein kleines Kännchen füllen. Hohlkugeln (in der Palette) bis unter den Rand füllen. 60 Minuten kalt stellen.

5 | Restliche Kuvertüre zerkleinern, im Wasserbad schmelzen. Etwa 2 Esslöffel abnehmen, in eine Spritztüte geben, die Kugeln damit verschließen. Pralinen 30 Minuten kalt stellen.

6 | Aufgelöste Kuvertüre gut umrühren, eventuell erneut schmelzen und temperieren. Kugeln in die Kuvertüre tauchen, abtropfen lassen, auf Backpapier setzen und 3 bis 4 Minuten anziehen lassen.

7 | Einige Kugeln auf dem Pralinengitter hin- und herrollen, obenauf mit grob abgeriebenen Orangenzesten garnieren. Restliche Kugeln in Kakao wälzen.

Register: Pralinen von A bis Z

Bezugsquellen

www.cafe-andersen.de
(u. a. Schokoladen-Halbfertigprodukte, Nougat, Kuvertüre und Schokolade von Valrhona, Pralinenseminare)

www.hobbybaeckerversand.de
(u. a. Schokoladen-Halbfertigprodukte, Dekorationen wie z. B. Goldflitter oder Fruchtpuder Cassis und Himbeere usw.)

www.theobroma-cacao.de
(u. a. alles für die Pralinenherstellung: Schokoladen-Halbfertigprodukte, Kuvertüre, Schokolade)

www.tortissimo.de
(u. a. alles für die Pralinenzubereitung: Temperiergeräte usw.)

www.violas.de
(u. a. ausgefallene Dekoartikel, farbige Valrhona-Schokolade von Oktober bis April)

Über dieses Buch

Redaktionsleitung Susanne Kirstein

Projektleitung Eva Wagner

Layout, Gesamtproducing
v*büro – Jan-Dirk Hansen, München

Redaktion Nicola von Otto, Text & Form, München

Bildredaktion Sabine Kestler

Korrektorat Susanne Langer

Umschlag- und Verpackungsgestaltung, Sourcing
Norbert Pautner, Berlin

Reproduktion Regg Media GmbH, München

Druck und Verarbeitung Anpak Printing Ltd., Hongkong

Printed in China

MIX
Papier aus verantwortungsvollen Quellen
FSC® C017997
FSC
www.fsc.org

Das für diesen Titel verwendete Papier ist FSC®-zertifiziert.

Über die Autorin

Karin Iden arbeitete in einem großen Lebensmittelkonzern (Verbraucherfragen und Rezeptentwicklung) sowie bei einer kulinarischen Zeitschrift als Redakteurin und Kochstudioleiterin, bevor sie sich als Food-Journalistin selbstständig machte. In über 60 Kochbüchern verführt sie ihre Leser zum Kochen und Genießen. Sie war eine der ersten Autorinnen, die sich mit Pralinen beschäftigte. Mit »Express-Pralinen« veröffentlicht sie ihr drittes Buch zu diesem Thema. Karin Iden ist Mitglied im Food-Editors-Club und lebt in Hamburg.

Hinweis

Die Ratschläge/Informationen in diesem Buch sind von Autorin und Verlag sorgfältig erwogen und geprüft, dennoch kann eine Garantie nicht übernommen werden. Eine Haftung der Autorin bzw. des Verlags und seiner Beauftragten für Personen-, Sach- und Vermögensschäden ist ausgeschlossen.

Impressum

Bildnachweis

Fotografie & Styling: Maike Jessen
Foodstyling: Diane Dittmer

ISBN 978-3-517-08797-9
817 2635 4453 6271